CD BOOK

potポットブックス

ケロポンズの
わくわくおたのしみランド

チャイルド本社

ケロポンズの
わくわく おたのしみランド

もくじ

シアターランド

あそび歌ランド

行事・イベントランド

型紙

はじめに

ようこそ、ケロポンズの「わくわくおたのしみランド」へ！
わたしたちはナビゲーターをつとめさせていただくケロポンズです！
どうぞよろしくお願いします。
当ランドはどのページからお楽しみいただいても結構です。
おもしろそうだなと思う所からご自由にお入りください。
みなさんのクラスの子どもたちとわくわく楽しい毎日がすごせますように。
では、ごゆっくりお楽しみください！

ポイント＆アドバイス

クラスの子どもたちに合わせてアレンジしましょう。
この本のとおりにする必要はありません。
どんどん変えて遊んでくださいね。

表情豊かに演じます

なりきって演じましょう。でも、どこかで冷静な部分をもっていることも大事。
このバランス、難しいですけどがんばって!

恥ずかしがらないこと

恥ずかしい気持ちは子どもたちに伝わります。とにかく堂々と演じましょう。

ひとりよがりにならない

演じることに一生懸命になりすぎて、子どもたちの表情や反応を見逃さないようにしましょう。

台本にとらわれない

子どもの声をよく聞いて、子どもたちがおもしろいことを言ったら、
そのことを盛り込みながらできると最高ですね！

とにかく楽しんでやりましょう！

まずは楽しんで！　大人が楽しんでいれば、子どもたちもそれを感じ取って盛り上がります。

慣れてきたら臨機応変に

慣れてきたら、子どもたちから出てきたあそび案などを入れたり、人数を変えたりして、ふくらませても楽しいですよ。

あそびだということを忘れないように

子どもたちの反応をよく見て。楽しんでやっていることが大事。あくまでもあそびなんだということを忘れないで。

子どもたちが「主役」、そして「楽しい」ことがイチバン!!

子どもたちのいい所、うまい所をぐんとほめてあげてください。「できたよ」「楽しいね」の気持ちが生まれればそれで大成功！

臨機応変に変えて遊んでみてください

本に子どもたちを合わせるのではなく、子どもたちにこの本のネタを合わせてみてくださいね。どんなに変えてもらってもかまいません。

イベントなのでクラス全体みんなで楽しんで

一人ひとりの子どもたちの様子を日頃からよく見て、一人ひとりが主役になれるようにできるといいですね。そして、何よりも「〇〇ちゃんすごいねー」などクラスのみんなを思い合える絶好のチャンスです。がんばってみてください。

では、楽しんで！　いってらっしゃーい!!

ケロポンズ

シアター
ランド

ペープサート

しっぽぽぽ

うたって楽しむペープサート「しっぽぽぽ」です。
「このしっぽ　だれのしっぽ？」と子どもたちとのやり取りを
楽しみながら盛り上がっちゃおう！

このシアターに使う物

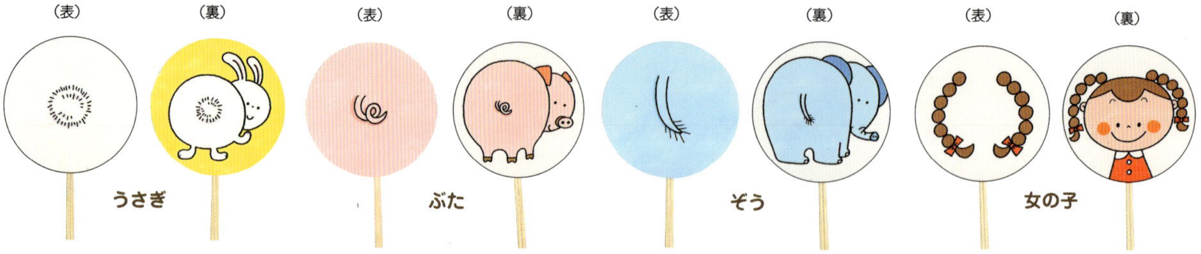
（表）
（裏）
うさぎ
（表）
（裏）
ぶた
（表）
（裏）
ぞう
（表）
（裏）
女の子

▶ 型紙 P52~53

♪ しっぽしっぽ
しっぽぽぽ

♪ ぴょんぴょんぴょん
ぴょんぴょんぴょん

1番をうたいます。

1 ♪ しっぽしっぽ
しっぽぽぽ
このしっぽ　だれのしっぽ？

ペープサートのしっぽの絵を見せて、子どもたちに問いかけます。「誰のかな？」「うーん、誰のだろう？」

2 ♪ ぴょんぴょんぴょん
ぴょんぴょんぴょん
うさぎの　しっぽ

ペープサートを反転させて、うさぎの絵にします。

♪このしっぽ　だれのしっぽ？

2番をうたいます。

3 ♪ しっぽしっぽ
しっぽぽぽ
このしっぽ　だれのしっぽ？

「誰のしっぽかな？」「誰のだろうね？」子どもたちに問いかけます。

♪ぶーぶーぶー

4 ♪ ぶーぶーぶー
ぶーぶーぶー
ぶたの　しっぽ

ペープサートを反転させて、ぶたの絵にします。

3番をうたいます。

5 ♪ しっぽしっぽ
しっぽぽぽ
このしっぽ　だれのしっぽ？

「誰のしっぽかな？」「うーんと…」子どもたちに問いかけます。

♪パオパオパオ
パオパオパオ

6 ♪ パオパオパオ
パオパオパオ
ぞうの　しっぽ

ペープサートを反転させて、ぞうの絵にします。

4番をうたいます。

7 ♪しっぽしっぽ しっぽぽぽ このしっぽ だれのしっぽ？

「あれあれ、しっぽかな？」子どもたちに問いかけます。

8 ♪ゆらゆらゆら ゆらゆらゆら かわいい みつあみ

ペープサートを反転させて、女の子の絵にします。

♪かわいい
みつあみ

作り方

材料/画用紙、割り箸、厚紙

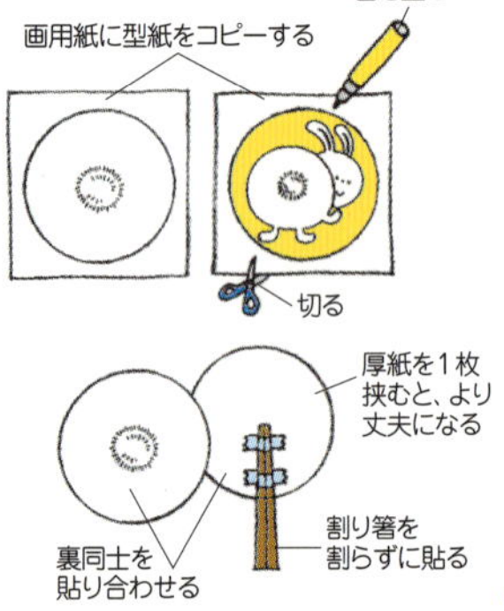

色を塗る
画用紙に型紙をコピーする
切る
厚紙を1枚挟むと、より丈夫になる
割り箸を割らずに貼る
裏同士を貼り合わせる

アレンジ 他の動物でも 遊んでみよう！

ねこ
きつね
ライオン
しまうま

♪しっぽぽぽ

作詞／平田明子　作曲／増田裕子

おまけのあそび

マイしっぽを作ろう！

1 古いTシャツなどを縦長に切る。

2 マジックなどで色をつけたり、はさむ所を結んだりする。

ひもでもOK！
スズランテープをさいて
作ってもいいね。

マイしっぽでグループしっぽとりあそび

1 **しっぽの色でチームを分けます。**

青しっぽチーム
赤しっぽチーム

☆しっぽの色ではチームが分かりにくいときは、カラー帽子と同じ色にしたり、同じ色のシールを貼ったりするなど、子どもたちが分かりやすいように。

2 **自分のチームの色と違う色のしっぽを取ります。自分も取られないように逃げよう！**

よーいどん

3 **しっぽを取られたら座ります。**

4 **終わりの合図で、立っている人の多いチームが勝ち！**

青しっぽチームの勝ち

スケッチブックシアター

バケバケバー

「バケバケバー！ ドロン!!」。きつねがなにかに化けようとしているよ。あれあれ、最初は耳だけ…？ なにに化けるか、子どもたちと当てっこして楽しみましょう。

このシアターに使う物

きつね

うさぎ

かば

作り方

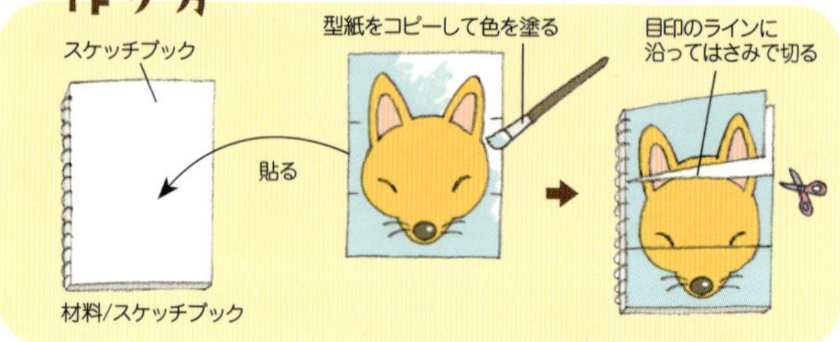
スケッチブック
型紙をコピーして色を塗る
目印のラインに沿ってはさみで切る
貼る
材料/スケッチブック

▶ 型紙 P54

1

きつねの絵を子どもたちに見せます。

「ぼく、きつね。なにに化けるか当ててね」

1番をうたいます。

♪ **バケバケ　コンコン**
バケコンコン
バケバケ　コンコン
バケちゃおう

2

（バケバケバー！　ドロン!!）

きつねの絵の1段目をめくります。

「あれ？　耳だけしか化けられなかったな。よし、もう一度」

3

（バケバケバー！　ドロン!!）

きつねの絵の２段目をめくります。

「あれ？　なんか変だな。
ぼくがなにになろうとして
いるかわかる？」

4

「じゃあ、もう一度」
（バケバケバー！　ドロン!!）

きつねの絵の３段目をめくります。

「ヤッター!!
うさぎに化けられたぞ」

5

うさぎの絵を、子どもたちに見せて

「よーし、
今度はなにに化けようかな？」

2番をうたいます。

♪バケバケ　コンコン
バケコンコン
バケバケ　コンコン
バケちゃおう

（バケバケバー！　ドロン!!）

6

うさぎの絵の１段目をめくります。

「へ？　ぼく、
どこがかわった？
よし、もう一度」

（バケバケバー！　ドロン!!）

7

うさぎの絵の2段目をめくります。

「どうかな。えっ、まだ？
よーし、今度こそ」

（バケバケバー！　ドロン!!）

8

うさぎの絵の3段目をめくり、かばの絵を子どもたちに見せます。

「ヤッター!!　かばになっちゃった」

3番をうたいます。

♪バケバケ　コンコン　バケコンコン
バケバケ　コンコン　バケちゃった

「あー、楽しかった！
みんなも当ててくれてありがとう」

♪バケバケ　コンコン　バケコンコン
♪バケバケ　コンコン　バケちゃった

アレンジ

めくる順を変えてみよう！

2段目からめくる

3段目からめくる

他の動物でもやってみよう！

♪バケバケバー

作詞／平田明子　作曲／増田裕子

♩=120
C
1.2.
F
3.
C
F
バ ケ バ ケ コン コン　バ ケ コ ンコン　バ ケ バ ケ コン コン　バ ケ ちゃ お う　バ ケ ちゃっ た

おまけのあそび

バケバケまねっこあそび

うさぎ!
ぴょん
ぴょん

保育者 みんなは、変身が得意なきつねだよ。言われた動物に化けてみよう。

♪ バケバケ～
バケちゃおう
うさぎ!

同様に、いろんな動物に化けてみよう!!

かば!

さる!
ウッキ～!

子どもが順番で
化ける動物を言っても楽しい!

バケバケ当てっこあそび

1人ずつ化けて、何に化けているか、当てっこあそびをしよう!

何かな?
ぶーらぶーら
ぞう!
さる?

パネルシアター

ナッツのだいぼうけん

ある日、なかよし3人組に、マカダミア姫から救いを求める手紙が…。3人は、姫を助け出すことができるでしょうか？ しかけが楽しいパネルシアターです。

このシアターに使う物

（表）（裏）
ピーナッツ
（表）（裏）
アーモンド
（表）（裏）
カシューナッツ
（表）（裏）
マカダミア姫
ボトル
ナッツ島
岩
たこ
墨
船
波（毛糸）
手紙（画用紙）

作り方

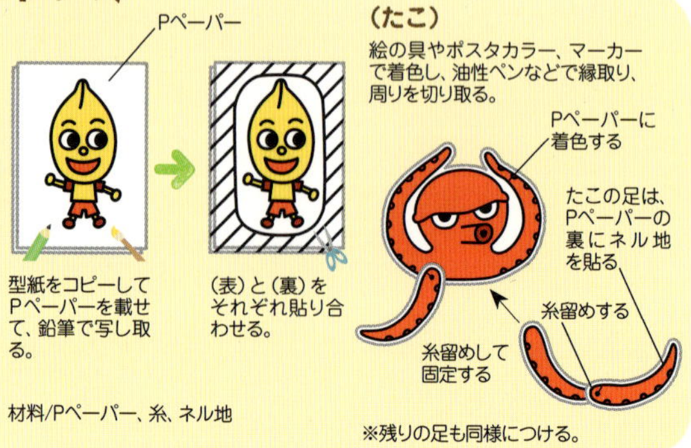

Pペーパー
型紙をコピーしてPペーパーを載せて、鉛筆で写し取る。
（表）と（裏）をそれぞれ貼り合わせる。
（たこ）
絵の具やポスターカラー、マーカーで着色し、油性ペンなどで縁取り、周りを切り取る。
Pペーパーに着色する
たこの足は、Pペーパーの裏にネル地を貼る
糸留めする
糸留めして固定する
材料/Pペーパー、糸、ネル地
※残りの足も同様につける。

▶ 型紙 P55 ～ 57

1

パネルに波とナッツ島を貼って準備します。
「♪ナッツのだいぼうけん」をうたいます。

♪ おれたちゃ　ナッツ　なかよしさ
ナッツじまにすんでいる
ピーナッツ　アーモンド
カシューナッツ
さんにんちからを　あわせれば
どんなもんだい　なんでもオッケー
ぼうけんだ

うたいながら、ピーナッツ（表）、アーモンド（表）、カシューナッツ（表）を貼ります。

2

ボトルを出し、流れるように動かします。

ピーナッツ　あれ？ これはなんだろう？
なかに手紙が入ってるよ。

3

ボトルをしまい、手紙を出して読むしぐさをします。

アーモンド たいへんだ！ これはマカダミア王国の姫の手紙ではありませんか！ 姫が助けを求めています。

カシューナッツ 姫を助けに行こう！

島を外して船を出し、ピーナッツ（表）、アーモンド（表）、カシューナッツ（表）を乗せ、「♪ナッツのだいぼうけん」をうたいます。

♪ おれたちゃ　ナッツ　なかよしさ
ナッツじまにすんでいる
ピーナッツ　アーモンド
カシューナッツ
さんにんちからを　あわせれば
どんなもんだい　なんでもオッケー
ぼうけんだ

4

足を伸ばしたたこの上に、岩を重ねてパネルに貼ります。

マカダミア姫 きゃあ～！

ピーナッツ 岩からマカダミア姫の声が聞こえるよ！

カシューナッツ 入ってみよう。

5

岩からはみ出ているたこの足の上に、ピーナッツ（表）、アーモンド（表）、カシューナッツ（表）を移します。

ピーナッツ うわ、なんかべたべたしている。

アーモンド もっと奥へ行ってみよう。

6

岩を外し、たこを登場させ、マカダミア姫（表）を貼ります。ナッツたちを裏返し、ピーナッツ（裏）、アーモンド（裏）、カシューナッツ（裏）にしてたこの周りに貼ります。

マカダミア姫 助けて～！

ピーナッツ あの声は…マカダミア姫だ！ 今助けに行きます！

たこ ふふふ、ようこそわたしの城へ。

ピーナッツ あ！ お前は…。マカダミア姫を返せ！

7

たこ　そうはさせんぞ。今から楽しみにしていたマカダミアナッツを食べるのだ〜。

マカダミア姫　いやよ、助けてー！

たこの口のそばに墨を貼ります。

たこ　たこ墨攻撃だぞ！ ブォーン！

ピーナッツ　うわ〜。よけるんだ！

ピーナッツ（裏）、アーモンド（裏）、カシューナッツ（裏）を、墨をよけるように動かします。

8

ナッツたち　みんな力を合わせて反撃だ！ やあ！ えい！ それ！

ナッツたちを動かしながら、糸留めしているたこの足を回して、包むような形にします。

たこ　うお、なんだ？ こらっ、捕まえてやる！ うぐぐ、あれ？

ピーナッツ　ぎゅーっと、たこボール！ どうだ、参ったか！

たこ　うごごご…動けないー。

マカダミア姫　やった！ たこをやっつけたわ！

9

たこを外し、ナッツたちを裏返してピーナッツ（表）、
アーモンド（表）、カシューナッツ（表）、
マカダミア姫（裏）にしてから船に乗せます。

アーモンド マカダミア姫、さあ、早く！

マカダミア姫 ありがとうございます。

10

ナッツたち マカダミア王国へ出発だー！

「♪ナッツのだいぼうけん」をうたいます。

♪ おれたちゃ　ナッツ　なかよしさ
ナッツじまにすんでいる
ピーナッツ　アーモンド
カシューナッツ
さんにんちからを　あわせれば
どんなもんだい　なんでもオッケー
ぼうけんだ

♪ ナッツのだいぼうけん

作詞／増田裕子　作曲／平田明子

パネルシアター

トリック オア トリート!!

歌に合わせて演じるパネルシアター。ハロウィンをテーマにした楽しいお話です。表情豊かに演じて、盛り上げましょう。

このシアターに使う物

ハロ
ウィン
りす
くるみクッキー
うさぎ
キャロットキャンディー
へび
へびいちご入りどくだみジュース
くま
ドア①
ドア②
ドア③
魔女
からす
貼り合わせる
貼り合わせる
はちみつのつぼ
ケーキ

ドア④
かぼちゃのドア
テーブル

作り方

型紙をコピーしてPペーパーを載せて、ペンで写し取る。

切り取って、色を塗る。

Pペーパーの上部を残して木工用接着剤をつける。

※表・裏があるものは、それぞれを貼り合わせる。

▶ 型紙 P58~61

トリック オア トリート!!

作詞／平田明子　作曲／増田裕子

♩=100
C G Dm G C G C
トリック オア トリート トリック オア トリート ハ ロ と ウィ ン
お か し を く れ な きゃ い た ず ら す る ぞ
トリック オア トリート トリック オア トリート ハ ロ ウィ ン だ

♪トリック　オア　トリート
トリック　オア　トリート

1

ハロとウィンを出します。

ナレーター　ハロとウィンは、ハロウィンの日に生まれたおばけの兄弟。
きょうはハロウィン。
2人はお菓子をもらいに、近くの森へ出かけました。

楽しくうたいます。

ハロ・ウィン

♪ トリック　オア　トリート
トリック　オア　トリート
ハロとウィン
おかしを　くれなきゃ　いたずらするぞ
トリック　オア　トリート
トリック　オア　トリート
ハロウィンだ

トントントン

2

裏にりすを隠したドア①を出し、
ドアをノックするしぐさをします。

ハロ・ウィン
トントントン。
トリック　オア　トリート!!

ドア①の裏からりすを出します。

ナレーター
ガチャッとドアが開き、りすが出てきました。

りす　あら、いらっしゃい！　くるみクッキーをどうぞ。

ハロ・ウィン　りすさん、ありがとう！

ありがとう！

くるみクッキーを出し、ハロとウィンのポケットに入れ、りすとドア①を外します。

3

裏にうさぎを隠したドア②を出し、
ドアをノックするしぐさをします。

ハロ・ウィン　トントントン。
トリック　オア　トリート！！

ドア②の裏からうさぎを出します。

ナレーター　今度はうさぎが出てきました。

うさぎ　まあ、いらっしゃい、
ハロとウィン。
キャロットキャンディーを
あげましょう！

キャロットキャンディーを出します。

ハロ・ウィン　わぁ、うさぎさん、ありがとう！

ハロとウィンのポケットにキャロットキャンディーを入れ、
うさぎとドア②を外します。

なんだか
まずそうだね…

4

裏にへびを隠したドア③を出し、
ドアをノックするしぐさをします。

ナレーター　次に向かったのは緑色のドア…

ハロ・ウィン　トントントン。
トリック　オア　トリート！！

ドア③の裏からへびを出します。

ナレーター　出てきたのは、へびです。

へび　まあまあ、ハロとウィン、
いらっしゃい。へびいちご入り
どくだみジュースをどうぞ！

へびいちご入りどくだみジュースを出します。

ハロ・ウィン　なんだかまずそうだね…。

ナレーター　でも、勇気を出して飲んでみると…

ハロ・ウィン　いただきまーす。ごっくん。
あれ、おいしいよ！
ありがとう、へびさん。

へびいちご入りどくだみジュースをハロとウィンの
ポケットに入れ、へびとドア③を外します。

あれ、
おいしいよ！

5

裏にくまを隠したドア④を出し、
ドアをノックするしぐさをします。

ハロ・ウィン　トントントン。
トリック　オア　トリート！！

ドア④の裏からくまを出し、はちみつのつぼを貼ります。

ナレーター　はちみつのつぼを持ってくまが出てきました。

くま　ぼくの大好きなはちみつをあげるよ！
ちょっとなめてごらん！

ナレーター　そのときです。突然、「カー！」と鳴きながらからすがやって来て、
つぼを横取りして逃げて行ってしまったのです。

6

からすを出し、はちみつのつぼをつかむようにして、飛び立たせます。

ハロ・ウィン　こら、待てー！　いたずらからす。待てー！

ナレーター　ハロとウィンは一生懸命に追いかけました。

からすを追いかけるように、ハロとウィンを動かします。

くまとドア④を外します。

7

かぼちゃのドアを出します。

ナレーター

からすは大きなかぼちゃ形のドアの前まで来ると、ドアを開けて中に入って行きました。

ドアの裏にからすを貼り、はちみつのつぼを外します。

ハロ・ウィン

あっ、いたずらからすが、中へ入って行ったよ。ここはどこだろう？

8

ドアをノックするしぐさをします。

ハロ・ウィン

トントントン。
トリック　オア　トリート！！

ハロ

あっ、ドアが開いているよ。

かぼちゃのドアを外します。

9

テーブルとはちみつのつぼを出します。

ナレーター

家の中に入ると
テーブルがあり、
そこには…

ハロ・ウィン

あーっ、
くまさんの
はちみつだ！

10

ナレーター　ハロとウィンが
入ってきたのを見たからすは…

からすを裏返して、魔女にします。

ハロ・ウィン　あれ？　いたずらからすは魔女さんだったの？

魔女　そうじゃよ。イッヒッヒッヒ…。びっくりしたかい？

魔女さん
だったの？

わぁー、
ケーキだ！

11

魔女　それ！！

はちみつを裏返して、ケーキにします。

魔女　ハロとウィン、お誕生日おめでとう！

ハロ・ウィン　わぁー、ケーキだ！

魔女　ハロとウィンのお誕生日パーティーを
して、驚かせようと思ってね。

12

りす、うさぎ、へび、くまを出します。

ナレーター　そこに、りすやうさぎ、へび、くまもやってきて、
みんなでハロとウィンの誕生日をお祝いしてくれました。

ハロ・ウィン　ありがとう、魔女さん。ありがとう、みんな！

パネルシアター

おにさんだあれ

おにのお面をつけているのは誰でしょう？　お面からはみ出た部分をヒントに、当てっこあそびを楽しみます。節分にぴったりのパネルシアターです。

このシアターに使う物

おにのお面（5枚）
ぞう
ライオン
やぎ
ロボット
お母さん
おに
金棒

▶ 型紙 P62~63

1

パネルに、おにのお面を重ねたぞうを貼ります。
1番をうたいます。

♪ **おにさんだあれ　おにさんだあれ**
おめんをつけた　おにさんだあれ

保育者　誰だかわかるかな？

お面からはみ出た部分に着目し、子どもたちとやりとりしながら当てっこあそびを楽しみます。

子ども　あー、お鼻が長い！　わかったぞう！

♪ おにさんだあれ

2

うたいながら、おにのお面を外し、ぞうを出します。

♪ **あーりゃりゃ　こりゃりゃー**
ぞうさん　「パオー」

パネルから、ぞうを外します。

作り方

材料／Pペーパー、ネル地

①型紙をコピーし、Pペーパーに載せて、鉛筆で写し取る。

②着色して、周りを切り取る。

※おにのお面には裏にネル地を貼り、重ね貼りできるようにする。また、動物に合わせて色を変える。

3

パネルに、おにのお面をつけたライオンを貼り、
2番をうたいます。

♪ おにさんだあれ　おにさんだあれ
おめんをつけた　おにさんだあれ

保育者　さあ、誰かな？

子ども　なんか毛がいっぱい出てる！

保育者　そうそう！

子ども　これは、もしかして！

毛がいっぱい
出てる！

4

うたいながら、おにのお面を外します。

♪ あーりゃりゃ
こりゃりゃー
ライオンさん
「ガオー」

パネルから、ライオンを外します。

ガオー

5

パネルに、おにのお面をつけたやぎを貼り、
3番をうたいます。

♪ おにさんだあれ　おにさんだあれ
おめんをつけた　おにさんだあれ

保育者　これは誰だ？　メェーって鳴くんだよ。

子ども　あー、おひげがついてる！
うん、そうだ。わかったよ！

メェー

6

うたいながら、おにのお面を外します。

♪ あーりゃりゃ　こりゃりゃー
やぎさん　「メェー」

パネルから、やぎを外します。

シアターランド　あそび歌ランド　行事・イベントランド

7

パネルに、おにのお面をつけたロボットを貼り、
4番をうたいます。

♪ おにさんだあれ　おにさんだあれ
おめんをつけた　おにさんだあれ

保育者　サア、ダレデショウ？

ロボットのような話し方や動きで、子どもたちとやりとりします。

子ども　なんか、しゃべり方が…なんだろな？

保育者　チョットムズカシイデスヨ。

子ども　あー、わかった！

8

うたいながら、おにのお面を外します。

♪ あーりゃりゃ　こりゃりゃー
ロボットさん　「○×△…」

パネルから、ロボットを外します。

9

パネルに、おにのお面をつけたお母さんを貼り、
5番をうたいます。

♪ おにさんだあれ　おにさんだあれ
おめんをつけた　おにさんだあれ

保育者　さあ、誰でしょう？

子ども　えー、誰かな？　最初になにがつく？

保育者　「お」がつきますよ。

子ども　おにかなぁ！

保育者　ちょっと！

10

うたいながら、おにのお面を外します。

♪ あーりゃりゃ
こりゃりゃー
おかあさん
「おかたづけしなさい」

パネルから、お母さんを外します。

11

パネルに、おにを貼り、6番をうたいます。

♪ おにさんだあれ　おにさんだあれ
おめんをつけた　おにさんだあれ

保育者　さあ、お面をとってごらん。

おにの顔をつまみ、お面を外すしぐさをします。

子ども　うん。よいしょ、あ、あれ、お面がとれない！

保育者　そうでしょ、とれないでしょ。ハハ！

子ども　ま、まさか！

ガオー

12

うたいながら、おにの横に金棒を貼ります。

♪ あーりゃりゃ　こりゃりゃー
おにさん
「ワー！　おにだぞ！」

歌が終わったら、「おにを退治しよう」と、子どもたちに呼びかけます。全員で、パネルに向かって「おには外」と言いながら、豆まきのしぐさをします。

おには外ー！

♪ おにさんだあれ

作詞／増田裕子　作曲／平田明子

♩=112
C F C G C F C G C
おにさんだあれ　おにさんだあれ　おめんをつけた　おにさんだあれ
4
C F
あーりゃりゃこりゃりゃー
1.2.3.4.5.
G7 C
ぞう　さん　パオー
ライオン　さん　ガオー
やぎ　さん　メエー
ロボット　さん　○×△…
おかあ　さん　おかたづけしなさい
6.
G7 C
おにさん　ワー！おにだぞ！

あそび歌

手をつなごう

手をつないだり、たたいたりする簡単なあそびです。
仲よくなった友達と輪になってくるくる回るだけで、
もう楽しい！　笑顔で遊んじゃおう。

1

♪ はるのひかりが
さんさんさん
はなのにおいが
ぷんぷんぷん
はるのつちから　ぽぽぽ
やったー　はるがやってきた

みんなで手をつないで輪になり、
くるくると回ります。

2

♪ パンパンパン
てをつなごう× 3

「♪パンパンパン」で、手を離してリズムに合わせて３回拍手し、
「♪てをつなごう」でもう一度手をつなぎ、つないだ手を前後に
振ります。これを３回繰り返します。

3

♪ てをつなごう

リズムに合わせて、
つないだ手を前後に振ります。

ワー！

4

♪ ワー！

つないだ手を上げます。

アレンジ 動きをプラスしよう！

「♪はるのひかりが」の所で1と同じ動きをし、「♪さんさんさん」でリズムに合わせて３回ジャンプします。これを３回繰り返しましょう。2～4は同じです。

♪ 手をつなごう

作詞／平田明子　作曲／増田裕子

1番 ♩=108 2番 ♩=120 3番 ♩=132
C Dm G7 C
はるのひかりが さんさんさん はなのにおいが ぷんぷんぷん
C Dm G7 F G C
はるのつちから ぽぽぽ やったー はるが やってきた
C Dm Em
パンパンパン てをつなごう パンパンパン てをつなごう パンパンパン
Am F G C
てをつなごう て を つ な ごう ワー！

あそび歌

なんでも歌合戦

バスの中でも楽しめるあそび歌です。バスの中で酔いやすいお友達も、大きな声を出して歌合戦していたら、きっと楽しくなってくるよ！

1

♪ おいしいといえば

2

♪ コロッケ

3

♪ おいしいといえば

4

♪ ハンバーグ

5

♪ ほっぺがおちるぞ
コロッケ
ほっぺがおちるぞ
ハンバーグ

1〜4を繰り返します。

6

♪ コロッケ　ハンバーグ
コロッケ　ハンバーグ

2・4の「コロッケ」「ハンバーグ」の部分をくり返します。

7

♪ あーあー　たのしいな

「♪あーあー」で両手をパーにして前へ出し、左右に繰り返し動かしたあと、3回手拍子します。

8

♪ みんなで　なんでも
うたがっせん　イェーイ！

7を繰り返したあと、「イェーイ！」でグーにした手を上へ突き出します。

アレンジ

バスレクで遊ぼう！

おいしいと
いえば
コロッケ

バスの通路を挟んで右側はコロッケチーム、左側はハンバーグチームと、席別にチーム分けをします。
保育者が、「♪おいしいといえば」と言ったら、コロッケチームは大きな声で、「コロッケ」とうたいましょう。

おいしいと
いえば
ハンバーグ

２回目の「おいしいといえば」では、ハンバーグチームが、「ハンバーグ」と大きな声でうたい、歌合戦します。
どちらが大きな声でアピールできたかを競ってみましょう。「コロッケ」のあと、「イェーイ！」と掛け声を入れると、合戦の雰囲気がさらに出て盛り上がります。

♪ なんでも歌合戦

作詞／平田明子　作曲／増田裕子

♩=120
F C F B♭ C
おいしい といえば コロッケ おいしい といえば ハンバーグ ほっぺ がおちるぞ
のりもの といえば バス のりもの といえば 電車 のって みたいな
どうぶつ といえば ぞう どうぶつ といえば ライオン あって みたいな
コロッケ ほっぺ がおちるぞ ハンバーグ コロッケ ハンバーグ
バス のって みたいな 電車 バス 電車
ぞう あって みたいな ライオン ぞう ライオン
コロッケ ハンバーグ あー あー たのしい な
バス 電車 あー あー たのしい な
ぞう ライオン あー あー たのしい な
1. 2
2. 4
(フレー フレー 歌合戦
フレッ フレッ なんでも歌合戦 イェイ！)
3. 2
みんな でなんでも うたがっせん イェーイ！

どんぐり　くりくり　まつぼっくり

歌に合わせて「どんぐり」「くりくり」「まつぼっくり」のポーズをとります。慣れて来たら、スピードを速めたり、新しいポーズを考えたりして、遊んでみよう！

くり
くり

1 ♪ どんぐり

胸の前で両手を合わせ、少し膨らませます。

2 ♪ くりくり

顔の横で、両手をグーにします。

3 ♪ まつぼっくり

両手を頭の上に乗せます。
1〜**3**を歌に合わせて3回くり返します。

どんぐり
まつぼっくり
どんぐり…
まつぼっくり

4 ♪ どんぐり　くりくり

1・**2**の動作をくり返します。

5 ♪ ○○○○

「どんぐり」「くりくり」「まつぼっくり」のなかから、言われたポーズをとります。

アレンジ その1
保育者と子どもたちで遊ぶ

どんぐり

アレンジ その2
子ども同士2人組で遊ぶ

くり
くり
くりくり
まつぼっくり

アレンジ その3
いろいろな「○○くり」で遊ぶ

ぷっくり!
がっくり
がく…
フ〜…
しゃっくり
ひっく!!

どんぐり くりくり まつぼっくり

作詞／平田明子　作曲／増田裕子

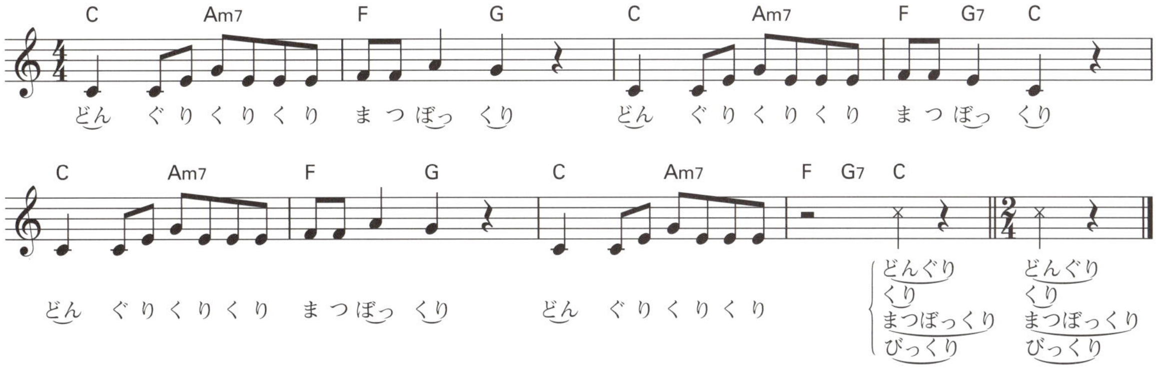
C Am7 F G C Am7 F G7 C
どん ぐ り く り く り ま つ ぼっ くり どん ぐ り く り く り ま つ ぼっ くり
C Am7 F G C Am7 F G7 C
どん ぐ り く り く り ま つ ぼっ くり どん ぐ り く り く り
どんぐり くり まつぼっくり びっくり
どんぐり くり まつぼっくり びっくり

あそび歌

こねこねおもち

「おしくらまんじゅう」じゃなくて、「おしくらおもち」！ 背中やおなかをくっつけるだけでもあったまります。年齢や人数に合わせて遊んでみてください。

1

♪こねこねおもち
こねこねおもち
ねこねこないても
やめるなおもち

こねこねおもち
こねこねおもち
しりもちつかずに
おもちつき　それ！

みんなで背中を向けて円になり、腕を組み、歌に合わせながら、背中で押し合います。

2

２番以降からは、歌がどんどんスローになるので、歌に合わせてゆっくりした動きで、1を繰り返します。ゆっくりした動きは意外と難しいので、おもちのように粘り強く押し合いましょう。

アレンジ その1
2人1組で遊ぼう

①
2人組になって向かい合い、両手を組みます。歌に合わせて、左右交互に手を押したり引いたりしましょう。

②
「♪それ！」の部分で、押し合って力くらべをします。足がその場から動いてしまったら、負けです。

アレンジ その2
「おもち」抜きで遊ぼう

①
手でもちつきをするイメージで、左手を胸の前に出して右手でたたき、右手を大きく振り上げます。歌に合わせて、繰り返しましょう。

②
①の動きをしながら、「おもち」のところだけうたわないようにします。まずは、ゆっくりうたい、慣れてきたらテンポよくうたえるようにしましょう。

♪こねこねおもち

作詞／平田明子　作曲／増田裕子

誕生会
あそび歌

おたんじょうび おめでとう

誕生日がテーマのあそび歌。主役の誕生日の子がめちゃめちゃハッピーになれるように、みんなで踊ってうたってお祝いしましょう！

1 ♪ **おめでとう**
手をワイパーのようにして
右→左→右の順に振ります。

2 ♪ **たんじょうび**
2回拍手をして、「び」
で両手を前にさし出します。

3 ♪ **おめでとう**
1と同様にします。

4 ♪ **たんじょうび**
2と同様にします。

5 ♪ **おおきくなって**
1と同様にします。

6 ♪ **うれしいね**
2回拍手をして、両手を
お誕生児の方向に出し、
キラキラさせます。

7 ♪ **おたんじょうび**
おめでとう
1・2と同様にします。

8 ♪ **間奏・ウ～**
隣の子と手をつないで
サンバの腰振り！　お誕生児を囲みます。

9 ♪ハッピーバースデイ

手を上げながら前に進みます。

11 ♪ハッピーバースデイ おめでとう

9・10と同様にします。

10 ♪ハッピーバースデイ

手を下げながら後ろへ下がります。

イェー!

12 ♪ハッピーバースデイ（×3） おめでとう　イェー

9・10を繰り返し、「イェー」でつないだ両手を上げます。

♪おたんじょうびおめでとう

作詞／平田明子　作曲／増田裕子

♩=120
おめでとう　たんじょうび　おめでとう　たんじょうび　おおきくなって　うれしいね
おたんじょうび　おめでとう
ウ〜〜 ハッピーバースデイ　ハッピーバースデイ
ハッピーバースデイ　おめでとう　ハッピーバースデイ　ハッピーバースデイ　ハッピーバースデイ　おめでとう（イェー）
1.　2.
ハッピーバースデイ　ハッピーバースデイ　ハッピーバースデイ　おめでとう
ハッピーバースデイ　ハッピーバースデイ　ハッピーバースデイ　おめでとう　ウ〜　ハッピー!!

運動会
ダンス

どうぶつ うんどうかい

かけっこ、玉入れ、パン食い競走に大玉転がし！ いろんな動物が大活躍する運動会の始まりです。一等賞になるのは誰でしょう？

1 ♪うさ

腰に手を当て、右足のかかとを床につけます。

2 ♪ぎの

右足を戻します。

3 ♪かけっこ

1・2を左足で行います。

4 ♪すごいんだ

1〜3を繰り返します。

5 ♪ぴょんぴょんぴょん
ぴょんぴょんぴょん
ぴょんぴょんぴょんぴょん
ぴょん

その場でかけ足します。

6 ♪とってもはやいよ
ぴょんぴょん
ぴょんぴょん
ぴょん

1〜3を繰り返したあと、5を行います。

7 ♪フレー

左手を胸に、右手を斜め上へ向けます。

8 ♪フレー

7のまま、左手も斜め上へ向けます。

9 ♪う

8の状態から、両手を胸の前へ。

10 ♪さ

8と同じ

11 ♪ぎ

9と同じ

12 ♪がんばれ

右腕を上げ、力こぶを作るしぐさをします。

13 ♪がんばれ

左腕も上げ、力こぶを作るしぐさをします。

14 ♪ぴょんぴょんぴょん

両手を上げて、うさぎのまねをしながらジャンプします。

15 ♪のうさぎ

腰に手を当て、右足のかかとを床につけます。

16 ♪ぴょんこが

右足のかかとを床につけたまま、右手の人さし指で自分を指さします。

17 ♪いっ

右足のかかとを床につけたまま、右手の人さし指を斜め上へ向ける。

18 ♪とうしょう

16・17を繰り返します。

2〜4番の5と14は次の振りになります。他は1番と同様にします。

2番

5 ♪キャキャキャキャ キャキャキャキャ キャキャキャキャ キャキャ

玉入れをしているしぐさをします。

14 ♪キャキャキャキャ

グーにした手を交互に上げながら、ジャンプし、さるのまねをします。

3番

5 ♪ブブブー ブブブー ブブブブブー

パン食い競走のしぐさをします。

14 ♪ブーブーブー

鼻を押さえて、膝を曲げ伸ばしし、ぶたのまねをします。

4番

5 ♪ドンドンドン ドンドンドン ドンドンドンドンドン

力強く大玉を転がすしぐさをします。

14 ♪ドンドンドン

片腕を左右に振りながら、足踏みをし、ぞうのまねをします。

19 ♪みーんな すごいぞ

15,16を繰り返します。

20 ♪いっとうしょう

右足のかかとを床につけたまま、円を描くように右手を大きく動かし、最後にポーズ！

♪どうぶつ　うんどうかい

作詞／増田裕子　作曲／平田明子

ナッツのだいぼうけん

発表会
劇あそび

パネルシアター「ナッツのだいぼうけん」（14～17ページ）の劇あそびバージョンです。ナッツたちになりきって、ぼうけんを楽しんじゃおう！

14ページもチェック！

配役・大道具・小道具

配　役

ピーナッツ　アーモンド　カシューナッツ　マカダミア姫　たこ（保育者）

＊クラスの人数に合わせて、それぞれ人数を増やします。

大道具・小道具

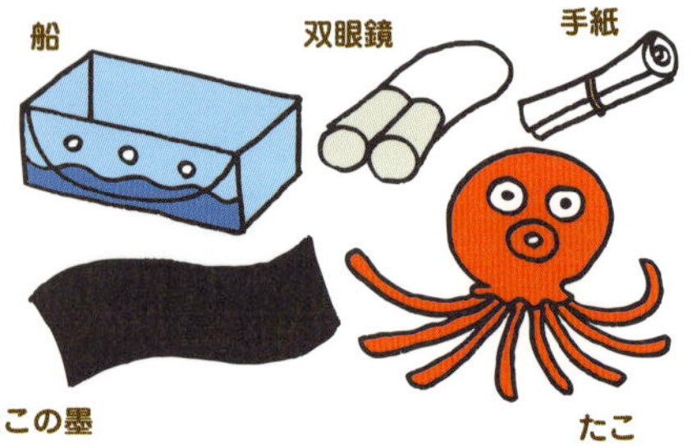
船
双眼鏡
手紙
たこの墨
たこ

場面1 ナッツ島

舞台中央のやや下手寄りに手紙、上手寄りにふねを置きます。
上手からピーナッツ、アーモンド、カシューナッツが「♪ナッツのだいぼうけん」をうたいながら登場します。

♪
おれたちゃ　ナッツ　なかよしさ
ナッツじまにすんでいる
ピーナッツ　アーモンド
カシューナッツ
さんにんちからを　あわせれば
どんなもんだい　なんでもオッケー
ぼうけんだ

ピーナッツ　「ぼくは、ピーナッツ」

アーモンド　「ぼくは、アーモンド」

カシューナッツ　「ぼくは、カシューナッツ」

ナッツたち　「今日もぼうけんに行こう！」

場面2 マカダミア姫からのSOS

ピーナッツが手紙を見つけます。

ピーナッツ 「あれ？　これはなんだろう？」

ピーナッツが手紙を拾って、広げます。

アーモンド 「手紙だ。読んでみよう」

ナレーション 『わたしはマカダミア王国の姫です。
恐ろしい大だこに捕まってしまいました。
だれか、助けに来てください』

カシューナッツ 「よし、助けに行こう！」

場面3 ぼうけんに出発

船に乗りこみ、「♪ナッツのだいぼうけん」をうたいます。

♪ おれたちゃ　ナッツ　なかよしさ
ナッツじまにすんでいる
ピーナッツ　アーモンド
カシューナッツ
さんにんちからを　あわせれば
どんなもんだい　なんでもオッケー
ぼうけんだ

場面 4

大だこをやっつけろ！

ナッツたちは、双眼鏡を使って、あたりを見回します。
舞台下手袖から、マカダミア姫が助けを呼びます。

マカダミア姫 「きゃー、助けて～！」

ナッツたち 「あ！　お姫さまの声だ！」

下手からマカダミア姫、たこを持った保育者が登場します。

たこ（保育者） 「わはは。ようこそ、わたしの城へ」

ナッツたち 「お姫さまをかえせ！」

たこ（保育者） 「そうはいかない。これから食べるのだ」

マカダミア姫 「いやよ、助けて～！」

たこ（保育者） 「わたしの墨を受けてみろ～！　やーー!!」

たこ（保育者）が黒い布をナッツたちに向かって広げます。

ナッツたち 「うわぁー!!」

ナッツたちが、黒い布をよけます。

ナッツたち 「よし！　みんなで力を合わせるぞ！」

ナッツたちが、たこの足を持ち、頭にからませるように付けます。

ナッツたち 「ぎゅーっと、たこボール!!」

たこ（保育者） 「うわぁ、やめてくれーーー!!」
「うぐぐぐ、動けない…」

場面5 マカダミア王国に出発

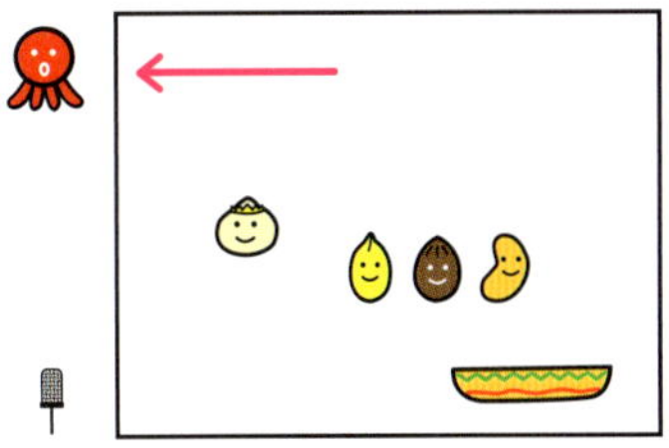

たこを持った保育者が、下手に退場。
マカダミア姫がナッツたちの所にかけよります。

マカダミア姫 「ありがとうございます！」

ナッツたち 「よし、お姫さまを連れて、
マカダミア王国に出発だ！」

全員で船に乗りこみ、「♪ナッツのだいぼうけん」をうたいます。

♪
おれたちゃ　ナッツ　なかよしさ
ナッツじまにすんでいる
ピーナッツ　アーモンド
カシューナッツ
さんにんちからを　あわせれば
どんなもんだい　なんでもオッケー
ぼうけんだ

大道具・小道具の作り方

用意するもの

- 船／段ボール板
- たこ／赤いカラーポリ袋、新聞紙、ビニールテープ、赤いロープ、スズランテープ
- たこの墨／黒い布（できるだけ軽い物）
- 双眼鏡／トイレットペーパーやラップの芯など、スズランテープ
- 手紙／画用紙、輪ゴム

船

段ボール板で、思い思いの船を子どもたちと作ろう！

船らしい絵を段ボール板に描く

たこ

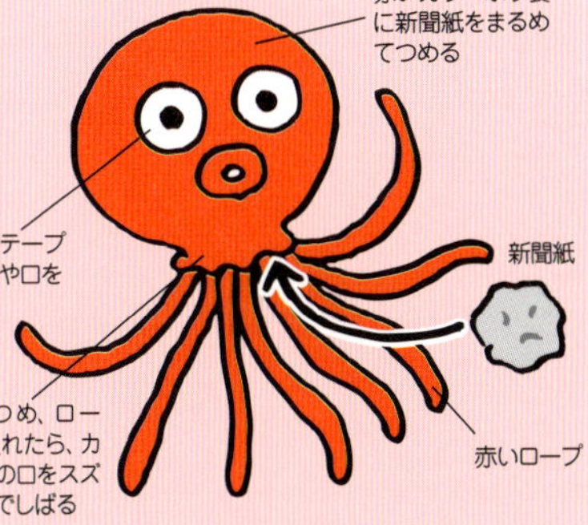
赤いカラーポリ袋に新聞紙をまるめてつめる
ビニールテープなどで目や口をつける
新聞紙
新聞紙をつめ、ロープの先を入れたら、カラーポリ袋の口をスズランテープでしばる
赤いロープ

双眼鏡

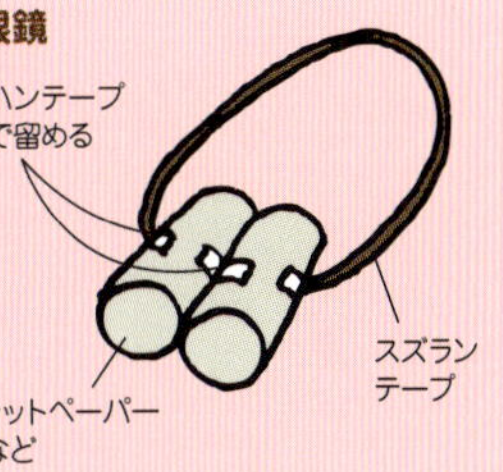
セロハンテープなどで留める
スズランテープ
トイレットペーパーの芯など

手紙

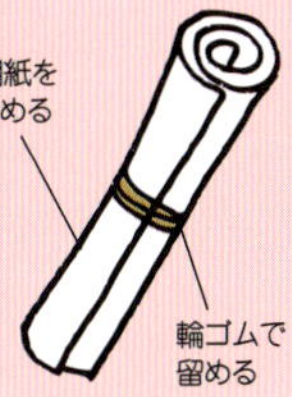
画用紙をまるめる
輪ゴムで留める

発表会 劇あそび

ケロポンズの びっくりおむすびころりん

昔話「おむすびころりん」が、楽しい劇あそびになりました。
歌あり、ダンスありで、みどころ満載！ 発表会にぴったりです。

付録のCDに収録されている歌は1曲にまとまっているので、▶ ⏸のマークがあるところで「再生」「一時停止」ボタンを押しながら、進めてください。表示されている時間は目安です。

配役・大道具・小道具

配 役

おじいさん　おばあさん　ポチ　おむすび　ねずみ　歌うたい隊※

※人数が少ない場合は、歌うたい隊とねずみを兼ねてもよいでしょう。

大道具・小道具

おじいさん・おばあさんの家
段ボール板に色画用紙を貼る
切り株

箱
箱に色画用紙を貼る
ひもを結ぶ

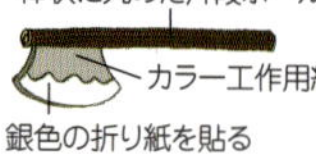

おの
棒状に丸めた片段ボール
カラー工作用紙
銀色の折り紙を貼る

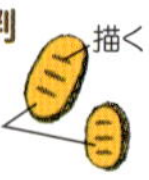

大判・小判
描く
段ボール板に金色の折り紙を貼る

場面1 おじいさん・おばあさんの家

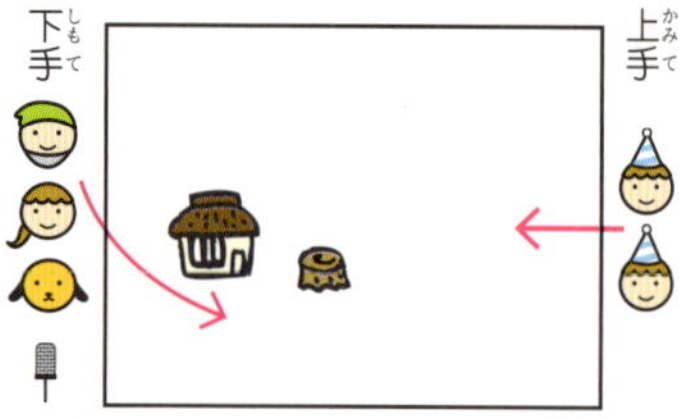

舞台中央に切り株、下手におじいさん・おばあさんの家を置きます。
上手から歌うたい隊が登場し、下手からおのを担いだおじいさん、
おばあさん、ポチが登場します。

ナレーション　あるところに、心の優しいおじいさんと
おばあさんが住んでいました。

歌うたい隊は、「やさしい おじいさん おばあさん」パート（1番）をうたいます。

▶ 0′00″ 再生

♪ やさしい　やさしい　おばあさん
はたらきものの　おじいさん
なかよし　ふたりは　きょうもまた
せっせ　せっせと　しごとする

⏸ 0′38″ 一時停止

おじいさん　「ばあさん、きょうも行ってくるよ」

ポ チ　「ワン！」

おばあさん　「はい、ではこのおむすびを持って行ってください」

おむすび①・②が手をつないで登場。おじいさんの隣へ向かいます。

おむすび①・②　「ニギニギ！　ニギニギ！」

おばあさんと歌うたい隊は退場。おじいさん・おばあさんの家を舞台袖に片づけます。

場面 2

はたらきに出るおじいさん

「おじいさんのしごと」パートをうたいながら、おじいさん、ポチ、手をつないだおむすび①・②は並んで、舞台中央に進みます。「♪きをきれ」のところからは、おじいさんは木を切るしぐさをしながら、ポチ、手をつないだおむすび①・②はその場で足踏みをしながらうたいます。

0′39″ 再生

♪ きをきるのが　わしのしごとじゃ
えんやとこしょ（ワンワワワン）
きょうも　しっかりしごとをしよう
えんやとこしょ（ワンワワワン）
きをきれ　よいこら　えんやとこしょ（ワンワワワン）
きをきれ　よいこら　えんやとこしょ（ワンワワワン）

1′04″ 一時停止

場面 3

おむすびころりん すっとんとん！

おじいさん、ポチ、おむすび①・②は床に腰を下ろします。

おじいさん　「やれやれ、そろそろお昼ごはんにするとしよう」

ポチ　「（うれしそうに）ワーン！」

おじいさんはおのを置いて立ち上がり、おむすび①の後ろに立って、肩を持って食べようとします。

おじいさん　「おいしそうだぞ、あーん！」

ナレーション　おじいさんが食べようとすると、おむすびは転がっていきました。

おむすび①　「ニギニギ！　ニギニギ！　ころころころりんこ」

おむすび①は立ち上がり、両手を上げて回転しながら上手に退場。

ねずみたちは、舞台上手袖で「おむすび ころりん すっとんとん」パート（1番）をうたいます。

1′05″ 再生

♪ おむすび　ころりん　すっとんとん
ころころ　ころりん　すっとんとん
やっほほ　うれしい　おむすびだ
おむすび　ころりん　すっとんとん

1′20″ 一時停止

おじいさん 「やや？　穴の中から、おかしな歌が聞こえてくるぞ。これは愉快だ。もう１回やってみよう」

おじいさんは、おむすび②の後ろに立ち、転がすような動きをします。

おむすび② 「ニギニギ！　ニギニギ！　ころころころりんこ」

おむすび②は立ち上がり、両手を上げて回転しながら上手に退場。

ねずみたちは、舞台上手袖で
「おむすび ころりん すっとんとん」パート（1番）をうたいます。

1′21″ 再生

♪ おむすび　ころりん　すっとんとん
ころころ　ころりん　すっとんとん
やっほほ　うれしい　おむすびだ
おむすび　ころりん　すっとんとん

1′37″ 一時停止

おじいさん 「やや～。これは愉快だ。よし、こんどはポチ、おまえが転がっていきなさい」

ポチ 「ワン！　ワワワン！」

ポチは立ち上がり、両手を上げて回転しながら上手に退場。

ねずみたちは、舞台上手袖で
「おむすび ころりん すっとんとん」パート（2番）をうたいます。

1′38″ 再生

♪ ポチ　ころりん　すっとんとん
ころころ　ころりん　すっとんとん
やっほほ　うれしい　ともだちだ
ポチ　ころりん　すっとんとん

1′54″ 一時停止

おじいさん 「楽しいなったら楽しいな」

おじいさんは、楽しそうに小躍りします。

おじいさん 「よしよし、では今度は、
このわしが転がっていくことにしよう。それ～！」

おじいさんは、両手を上げて回転しながら上手に退場。

ねずみたちは、舞台上手袖で
「おむすび ころりん すっとんとん」パート（3番）をうたいます。

1′56″ 再生

♪ おじいさん　ころりん　すっとんとん
ころころ　ころりん　すっとんとん
やっほほ　うれしい　おじいさん
おじいさん　ころりん　すっとんとん

2′11″ 一時停止

場面 4

ねずみたちのチューチューダンス

歌うたい隊1名が上手から登場し、切り株を舞台袖に片づけます。
舞台中央にねずみたちが並び、中央下手寄りにおじいさん、ポチ、上手におむすび①・②が並びます。

ねずみ① 「ようこそ、おいでくださいました」

ねずみ全員 「おいでくださいました」

ねずみ② 「おむすびのお礼に、わたしたちの
チューチューダンスをお見せしましょう」

ねずみ全員 「お見せしましょう」

ねずみたちは、「チューチューダンス」パートに合わせて踊ります。

おじいさんとポチは下手に移動して、おむすび①・②は
上手のままで体育座りをし、リズムに合わせて首を左右に振ります。

2′14″ 再生

♪ チューチューダンスで　チュ チュ チュー
チューチューダンスで　チュ チュ チュ（レッツゴー！）
チューチューダンスで　チュ チュ チュー
チューチューダンスで　チュ チュ チュ（カモン！）
チュチュチュチュ　チュチュチュチュ
チュチュチュチュチュー
チュチュチュチュ　チュチュチュチュ
チュチュチュチュチュー
チューチューダンスで　チュ チュ チュー
チューチューダンスで　チュ チュ チュ（オッケー！）
チューチューダンスで　チュ チュ チュー
チューチューダンスで　チュ チュ チュ（アイウォンチュ！）

2′56″ 一時停止

チューチューダンス

1 ♪チューチュー
右手をパーにして、顔の横に上げます。

2 ♪ダンスで
左手をパーにして、顔の前に上げます。

3 ♪チュチュチュー
手、体、お尻を左右に激しく振ります。

4 ♪チューチューダンスで チュチュチュー（×3）
1・2・3を繰り返します。

5 ♪チュチュチュチュ チュチュチュチュ
左手を腰にあて、右手はグーにして親指を立て、右腕を伸ばすと同時に右足を1歩前に出します。次に、右腕を曲げ、左足を右足の横に寄せます。これをリズムに合わせて、4回繰り返します。

6 ♪チュチュチュチュ チュチュー
5と手足を逆にして、同様にします。

7 ♪チュチュチュチュ チュチュチュチュ チュチュチュチュチュー
6・7と同様にします。

8 ♪チューチューダンスで チュチュチュー（×4回）
1・2・3を4回繰り返します。

9 ♪アイウォンチュ！
みんなで集まり、決めポーズをします。

おじいさんは立ち上がって、舞台中央に進み、ポチは、その後ろをついて行きます。

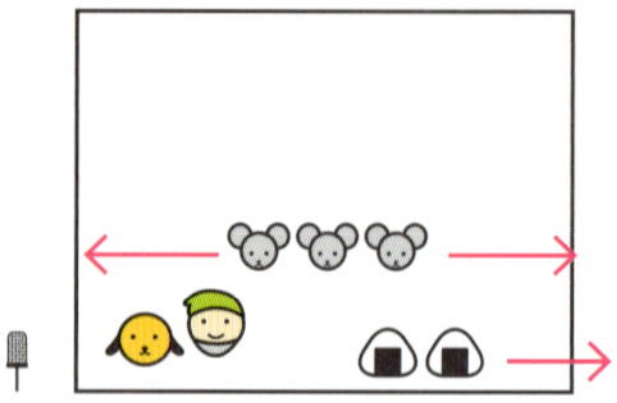

おじいさん　「なんとすばらしい踊りじゃ。いつまでもいたいが、ばあさんが待っているのでわしは帰るとしよう」

ねずみ③　「では、これをお土産にどうぞ」

ねずみ③が、おじいさんに箱を渡します。

おじいさん　「どうもありがとう。では、さようなら！」

ポ　チ　「ワン！」

おじいさんとポチ、ねずみたち、おむすび①・②は、手を振り合います。
ねずみたちとおむすび①・②は、退場します。

場面 5　家に帰ろう！

上手に歌うたい隊が登場。下手におじいさん・おばあさんの家を出し、おばあさんが登場します。

おじいさんとポチは、歩いて家まで移動します。
「やさしい おじいさん おばあさん」パート（メロディー）をBGMに流します。家に着いたら曲の途中でもせりふを始めます。
※同パートが終わってもせりふが終わっていなければ、せりふを続けます。

2′58″ 再生　♪ BGM

ポ　チ　「ワンワンワン！」

おじいさん　「ばあさん、帰ったよ」

おばあさん　「お帰りなさい。おや、それはなんです？」

おじいさん　「おむすびをあげたお礼に、ねずみにもらったんじゃ。どれ開けてみよう」

3′37″ 一時停止

おじいさんが箱を開けると、中には大判小判がざくざく入っています。

おじいさん
おばあさん　「あれまあ !!」

おじいさんとおばあさん、ポチ、歌うたい隊が、
「やさしい おじいさん おばあさん」の
パート（2番）を歌います。

3′40″ 再生　♪ やさしい　やさしい　おばあさん
はたらきものの　おじいさん
なかよし　ふたりは　いつまでも
しあわせに　くらしました

4′00″ 停止　「チューチューダンス」パート（メロディー）をBGMに、
キャスト全員を紹介して終わります。

♪ケロポンズの びっくりおむすびころりん

作詞／平田明子　作曲／増田裕子

「やさしい おじいさん おばあさん」パート

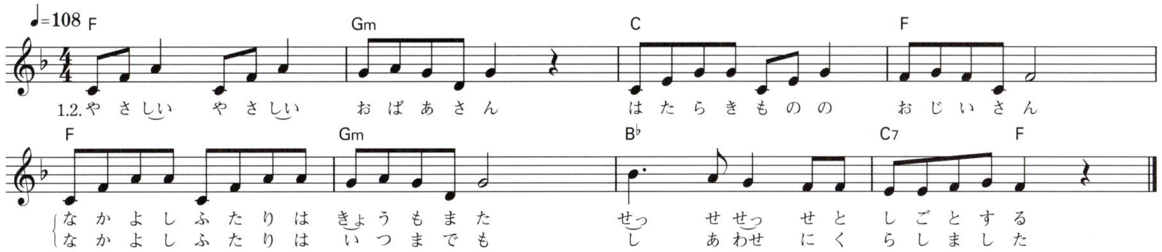
♩=108
F　Gm　C　F
1.2.やさしい　やさしい　おばあさん　はたらきものの　おじいさん
F　Gm　B♭　C7　F
なかよしふたりは　きょうもまた　せっせせっせと　しごとする
なかよしふたりは　いつまでも　しあわせにくらしました

「おじいさんのしごと」パート

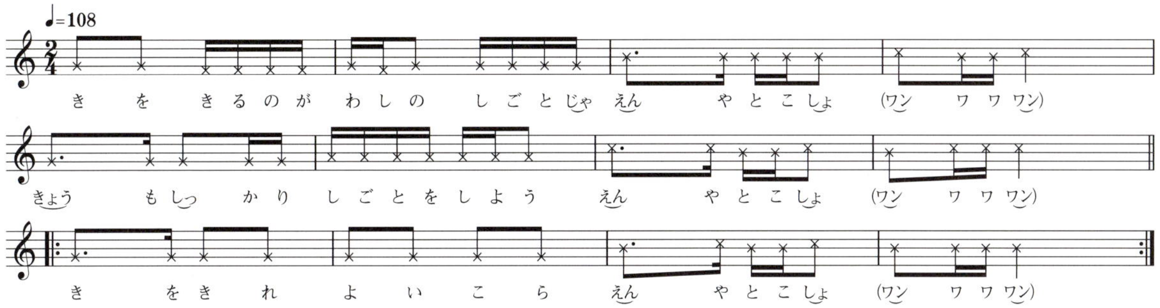
♩=108
きをきるのが　わしのしごとじゃ　えんやとこしょ　(ワン　ワ　ワ　ワン)
きょう　もしっかり　しごとをしよう　えんやとこしょ　(ワン　ワ　ワ　ワン)
きをきれ　よいこら　えんやとこしょ　(ワン　ワ　ワ　ワン)

「おむすび ころりん すっとんとん」パート

♩=108
おむすび／ポチ／おじいさん　ころりん　すっ　とん　とん　ころころころりん　すっ　とん　とん
やっ　ほほうれしい　おむすびだ／ともだちだ／おじいさん　おむすび／ポチ／おじいさん　ころりん　すっ　とん　とん

「チューチューダンス」パート

♩=120
F　B♭　C7　F　B♭　C7　F
チュー　チュー　ダンスで　チュチュ　チュー　ー　チュー　チュー　ダンスで　チュチュ　チュ　{レッツゴー！／オッ　ケー！}
チュー　チュー　ダンスで　チュチュ　チュー　ー　チュー　チュー　ダンスで　チュチュ　チュ　{カ　モン！／アイウォンチュ！}
Fine
B♭　B♭m　F
チュ　チュ　チュ　チュ　チュ　チュ　チュ　チュ　チュ　チュ　チュ　チュ　チュー　ー
B♭　B♭m　C7
チュ　チュ　チュ　チュ　チュ　チュ　チュ　チュ　チュ　チュ　チュ　チュ　チュー　ー
D.C.

卒園式
卒園ソング

レッツ ゴー

園生活で育んだ友達を思う心を、明るいメロディーに乗せて。
新たな一歩を力強く踏み出せそうな楽しい卒園ソングです。

子どもは強いなあと思う。優しいなあと思う。いつも憧れてしまう。そのすてきな子どもたちだからこそ、みんな自分を信じて歩いていってほしいと思います。

新しい旅立ちの歌です。「レッツゴー!」と胸を張って、元気よくうたいましょう。卒園のときだけでなく、いつでもどこでも友達と肩を組んで元気にうたってほしいですね。

♪ レッツ ゴー

作詞／平田明子　作曲／増田裕子　ピアノ編曲／大橋エリ

♩=132
G C G D G Em C D B7 Em C D G Em C D G
1.きみの ちからを しんじてる
2.きみの ひかりが まぶしくて
きみの つよさに あこがれてる
きみの やさしさに ひかれてる
だから さあなみだをふいて きみのーみーちを あるきだせ
くらい トンネルまよっても かならずでぐちは みえてくる

レッツゴー!!

B7 Em C D
ひとり ひとりや りたいこと ちがう から いいじゃない
ひとり ひとりで きることは ちがう から いいじゃない
B7 Em C D
あめあがりのそら おひさまは まぶしすぎるほど ピカピカさ
ころんでひざーを すりむいて なおればつよーい ひざになる
G C G C D7 G
レッツゴー (イェイ!) じ ぶんしんじて レッツゴー (イェイ!) あ るいてゆけ
レッツゴー (イェイ!) じ ぶんしんじて レッツゴー (イェイ!) あ るいてゆけ
G C G C D7 G
ないて わらって けんかして きみらしくいきる きみが すきー
いろんなことを のりこえて きみらしくいきる きみが すきー

P6~9

しっぽぽぽ

※パーツは400%程度に拡大コピーをしてください。

▶ 型紙 P00

このマークが付いている作品の型紙コーナーです。

うさぎ
▼
P52_01

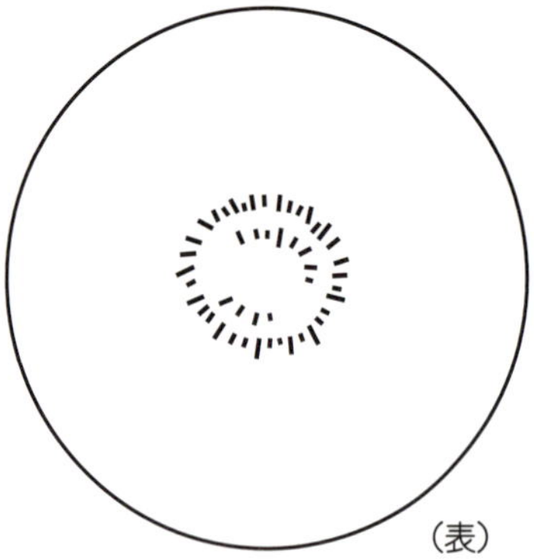
（表）

（裏）

ぶた
▼
P52_02

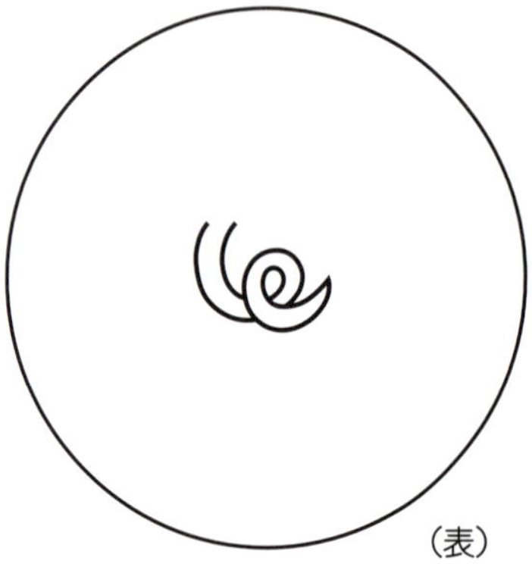
（表）

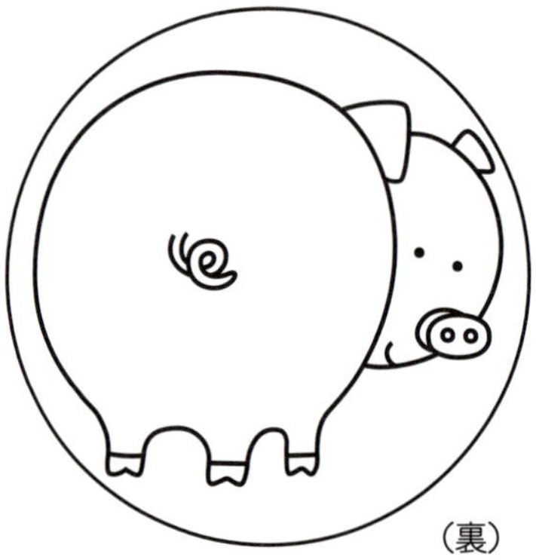
（裏）

ぞう
▼
P52_03

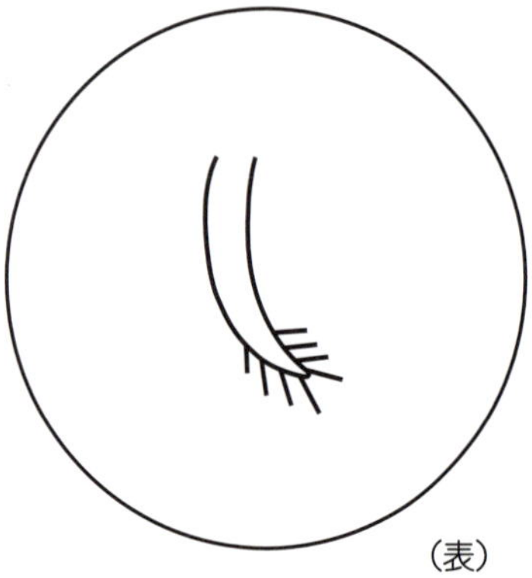
（表）

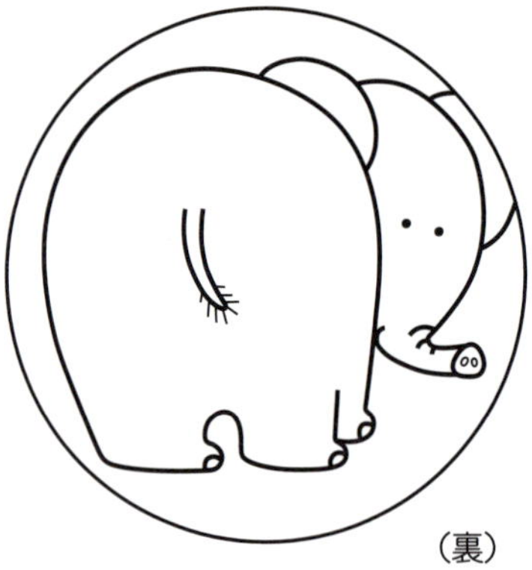
（裏）

女の子
▼
P52_04

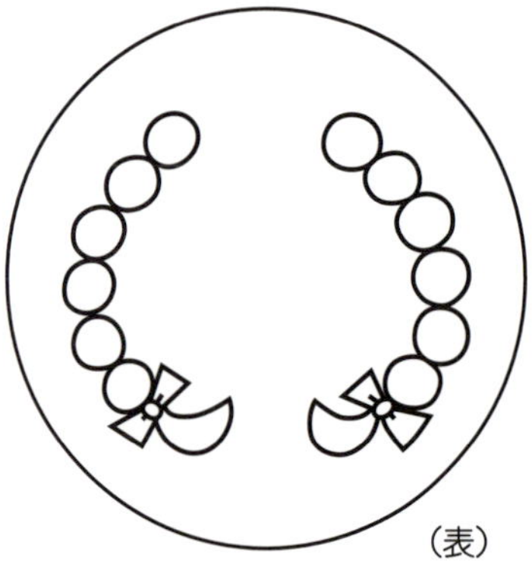
（表）

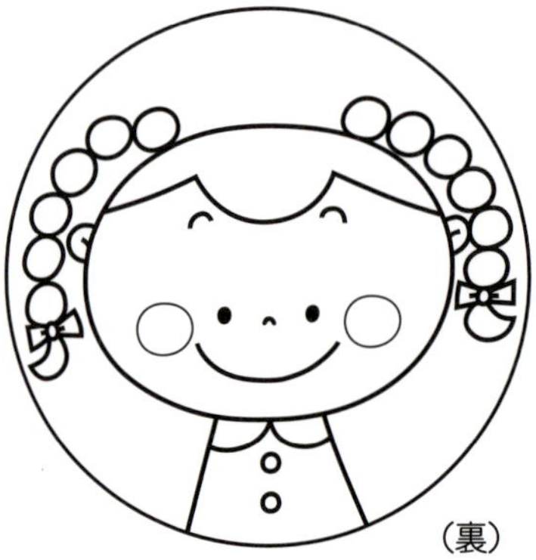
（裏）

このメッセージが見えるまで開くときれいにコピーすることができます

このメッセージが見えるまで開くときれいにコピーすることができます。

ねこ
▼
P53_01

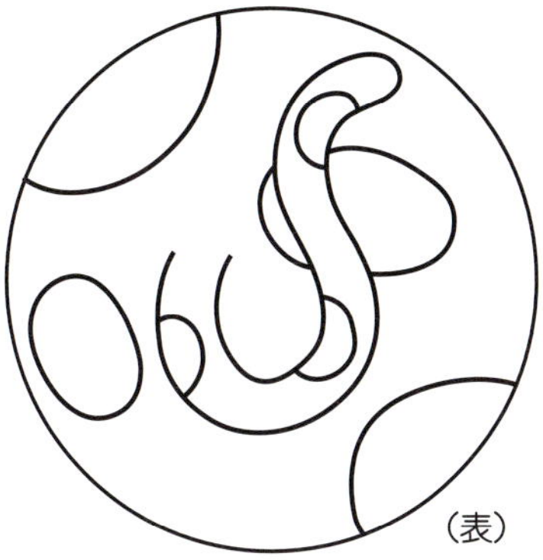

（表）

（裏）

きつね
▼
P53_02

（表）

（裏）

ライオン
▼
P53_03

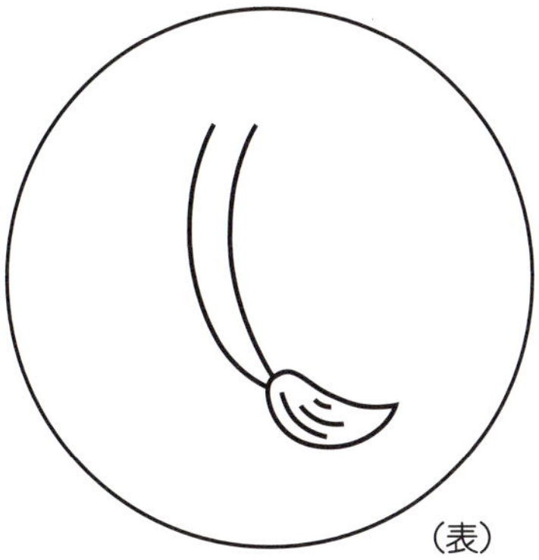

（表）

（裏）

しまうま
▼
P53_04

（表）

（裏）

P10～13

バケバケバー

※B4のスケッチブックを使用する場合は、400％に拡大コピーし、さらに110％程度に拡大してください。

きつね
▼
P54_01

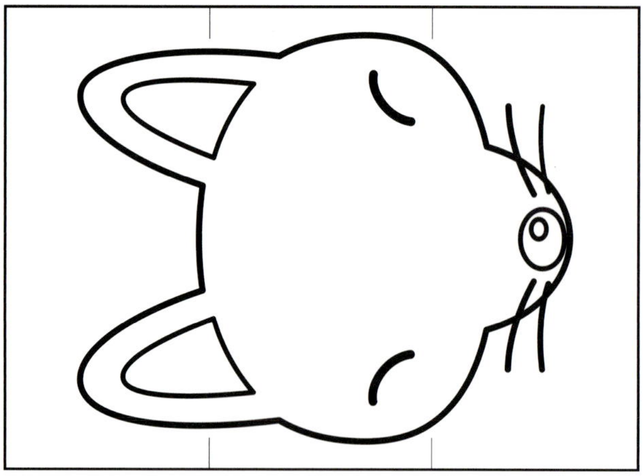

うさぎ
▼
P54_02

かば
▼
P54_03

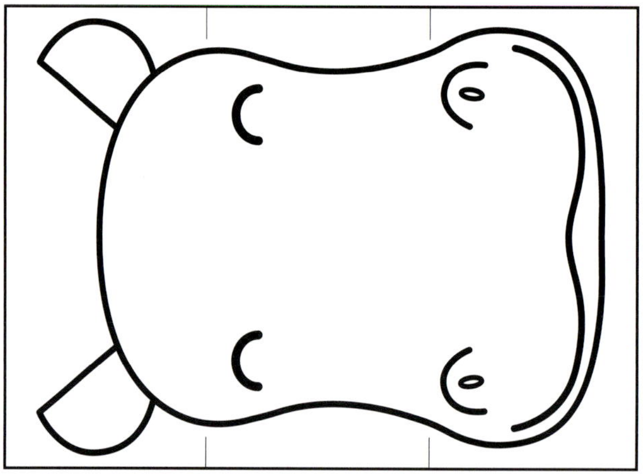

あひる
▼
P54_04

かえる
▼
P54_05

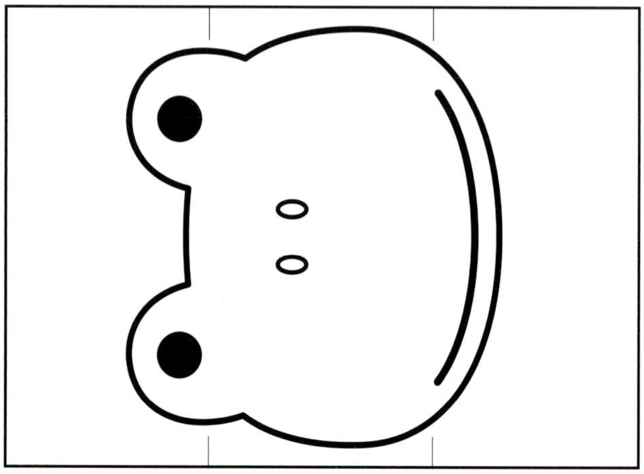

このメッセージが見えるまで開くときれいにコピーすることができます。

このメッセージが見えるまで開くときれいにコピーすることができます。

P14~17

ナッツのだいぼうけん

※注意書きのないパーツは200%程度に
拡大コピーをしてください。

ピーナッツ
▼
P55_01

（表）

（裏）

カシューナッツ
▼
P55_02

（表）

（裏）

アーモンド
▼
P56_01

（表）

（裏）

マカダミア姫
▼
P56_02

（表）

（裏）

ボトル
▼
P56_03

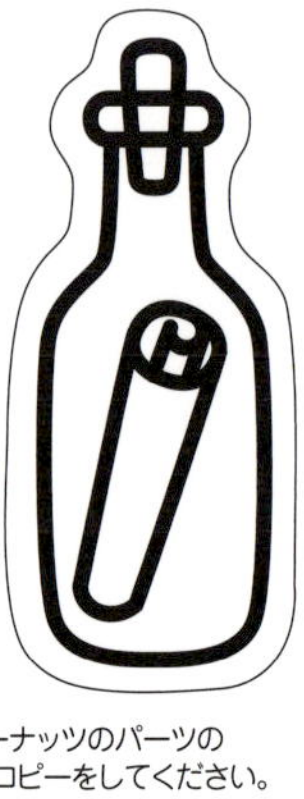

※ボトルは、ピーナッツのパーツの120%に拡大コピーをしてください。

船
▼
P56_04

※船は、ピーナッツのパーツの120%に拡大コピーをしてください。

このメッセージが見えるまで開くときれいにコピーすることができます。

たこ
▼
P57_01

※たこは、ピーナッツのパーツの120%
に拡大コピーをしてください。

※同じ型で3枚作ってください。

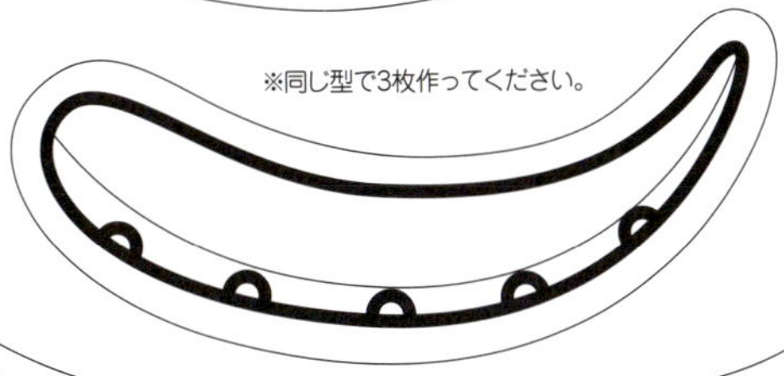

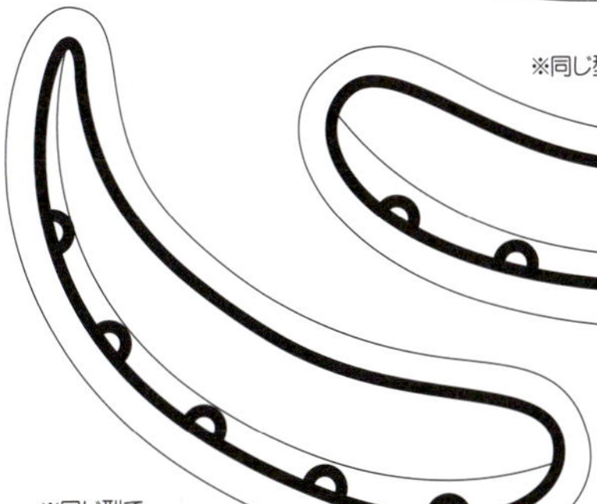

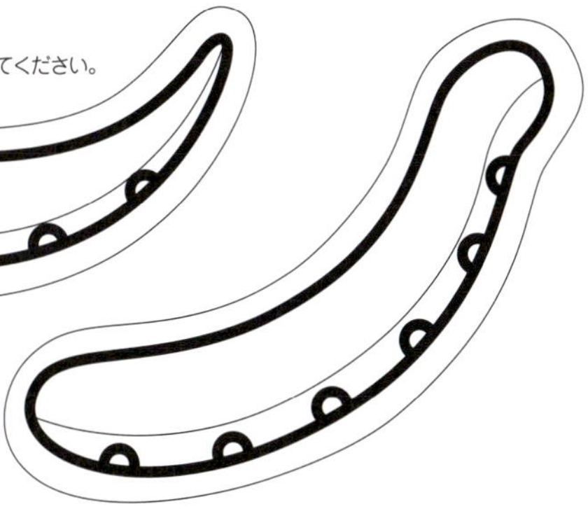

※同じ型で
3枚作ってください。

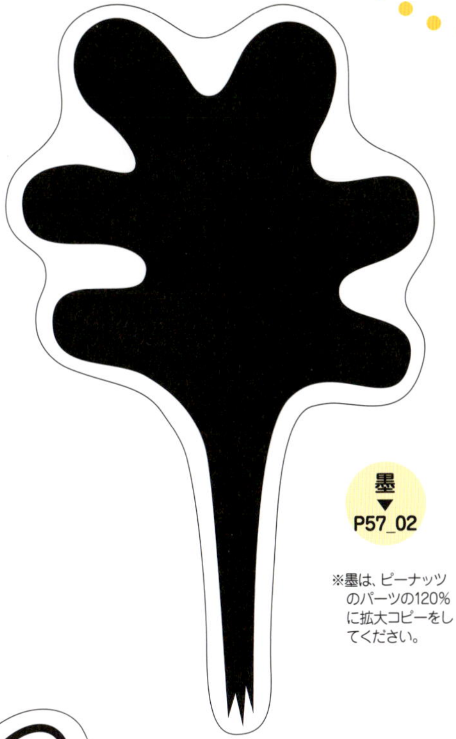

墨
▼
P57_02

※墨は、ピーナッツ
のパーツの120%
に拡大コピーをし
てください。

岩
▼
P57_03

※岩は、ピーナッツのパーツの
220%に拡大コピーをして
ください。

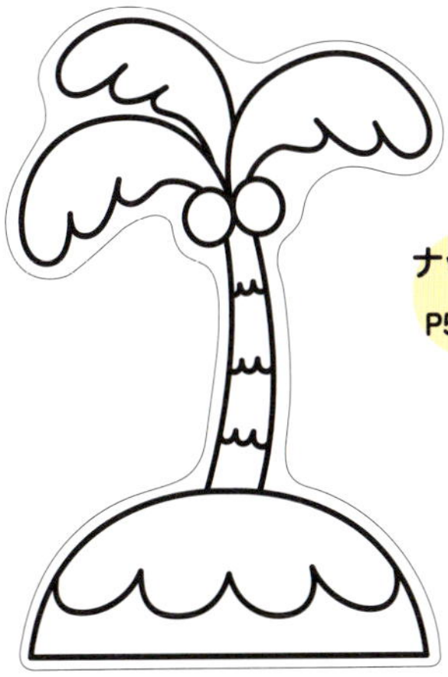

ナッツ島
▼
P57_04

※ナッツ島は、ピーナッツのパーツの
220%に拡大コピーをしてください。

P18~23

トリック オア トリート!!

※パーツは200%程度に拡大コピーをしてください。

ハロ
▼
P58_01

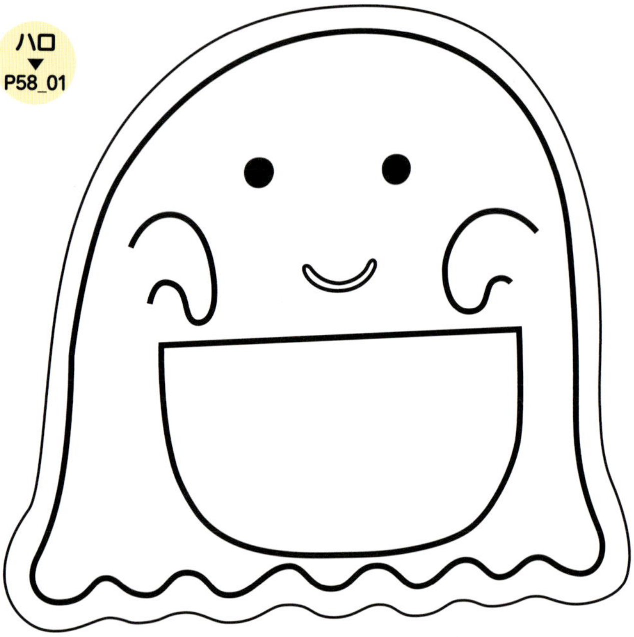

りす
▼
P58_03

くるみクッキー
▼
P58_04

※同じ型で2枚作ってください。

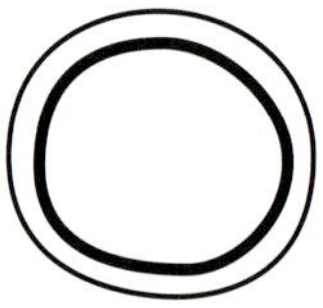

ウィン
▼
P58_02

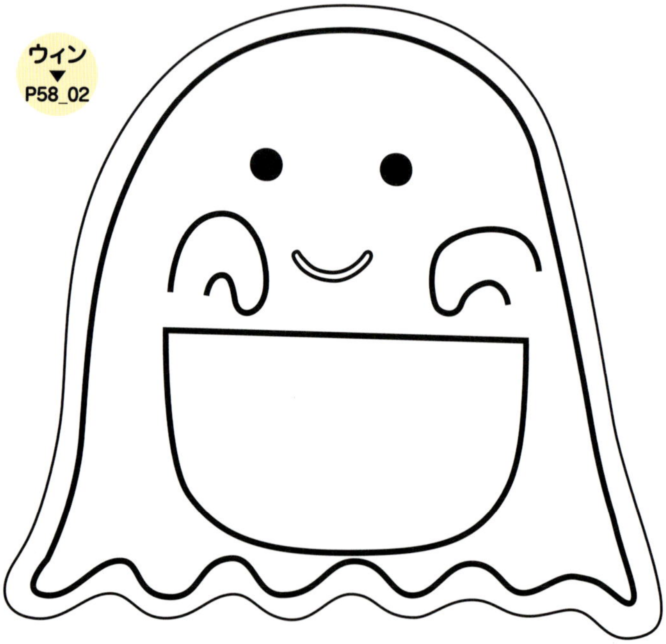

ドア①
▼
P58_05

このメッセージが見えるまで開くときれいにコピーすることができます。

このメッセージが見えるまで開くときれいにコピーすることができます。

ドア③
▼
P59_02

ドア②
▼
P59_01

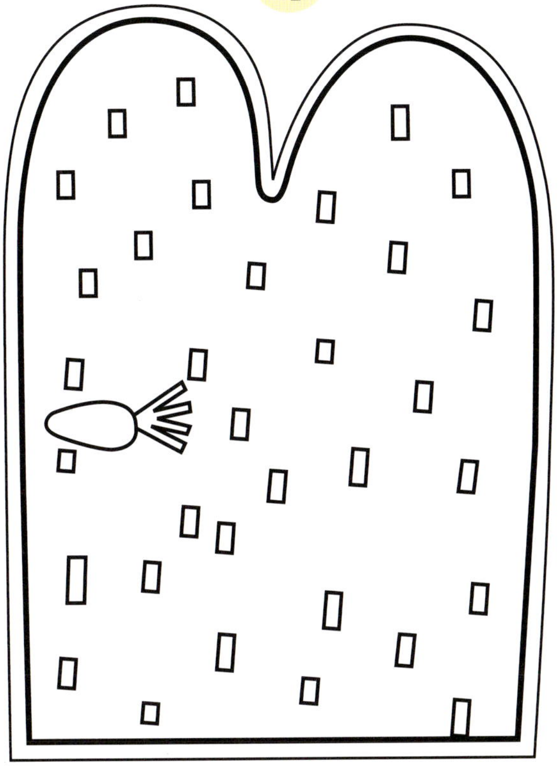

へび
▼
P59_03

かぼちゃのドア
▼
P59_05

うさぎ
▼
P59_04

くま
▼
P60_01

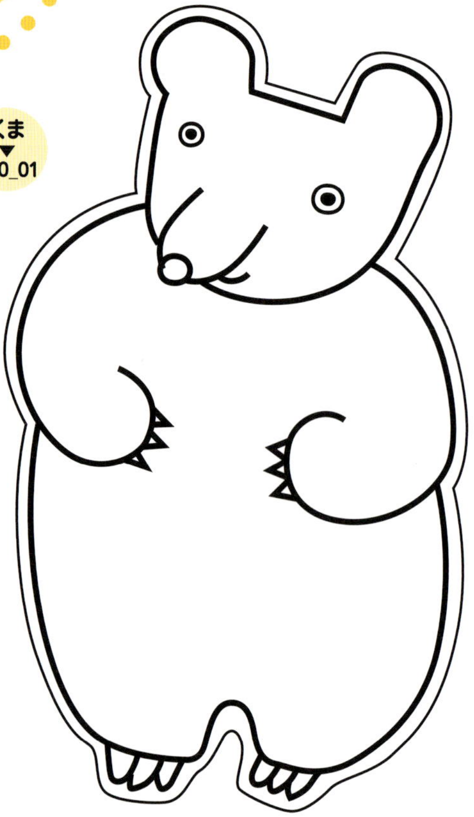

キャロット
キャンディー①
▼
P60_02

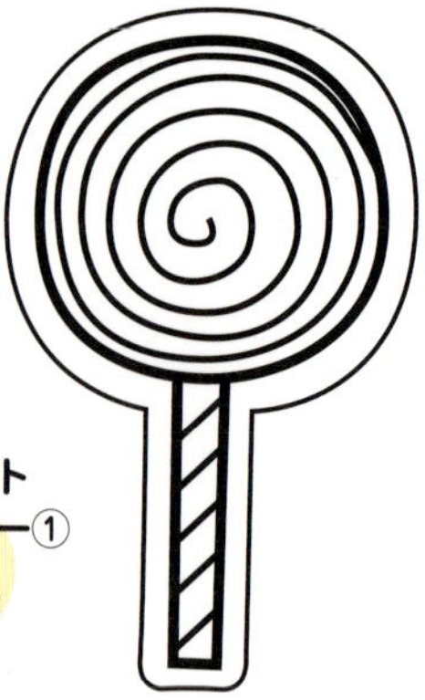

キャロット
キャンディー②
▼
P60_03

へびいちご入り
どくだみジュース
▼
P60_04

※同じ型で2枚
作ってください。

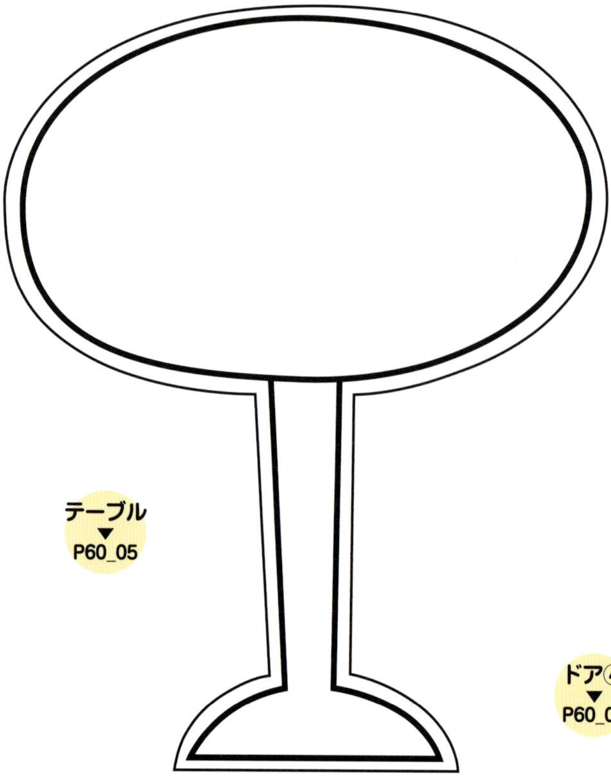

テーブル
▼
P60_05

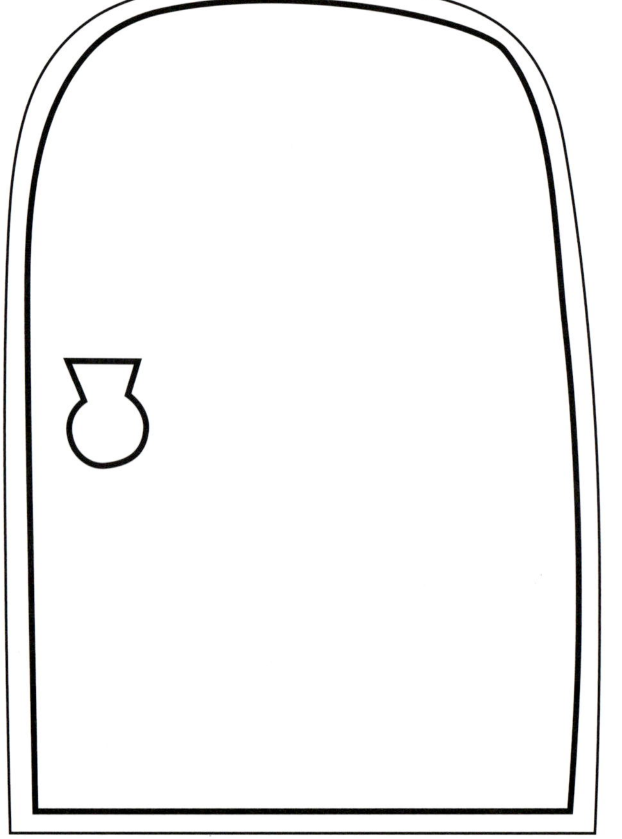

ドア④
▼
P60_06

このメッセージが見えるまで開くときれいにコピーすることができます。

このメッセージが見えるまで開くときれいにコピーすることができます。

貼り合わせる

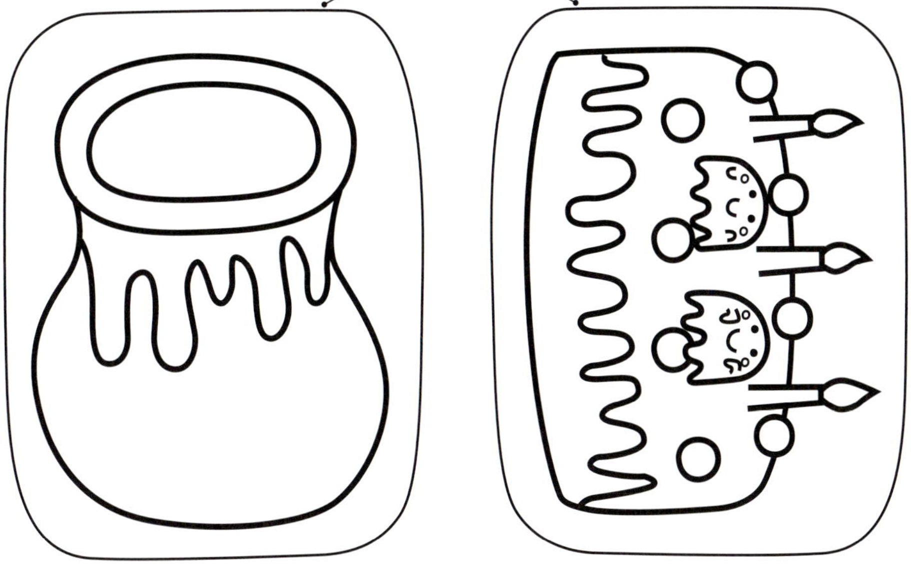

はちみつのつぼ・ケーキ
▼
P61_01

貼り合わせる

からす・魔女
▼
P61_02

おにさんだあれ

※パーツは200%程度に拡大コピーをしてください。

おにのお面
▼
P62_01

※同じ型で5枚作ってください。

ぞう
▼
P62_02

切り抜く

ライオン
▼
P62_03

やぎ
▼
P62_04

このメッセージが見えるまで開くときれいにコピーすることができます。

ロボット
▼
P63_01

お母さん
▼
P63_02

おに
▼
P63_03

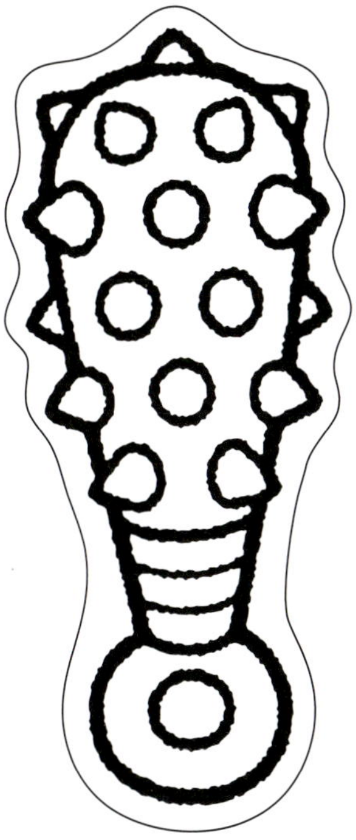

金棒
▼
P63_04

ケロポンズ

ケロこと増田裕子と、ポンこと平田明子のスーパーデュオ。歌、あそび、体操、パネルシアターなど数多く創作している。また、全国各地のステージや子ども番組に出演するなど幅広く活動中。おもな著書は『ケロポンズのあそびうた同好会』、『ケロポンズのわくわくあそび島』（以上、CD 付き、チャイルド本社）の他、CD「エビカニクス」など多数。
HP は、http://www.kaeruchan.net/

ポットブックス ケロポンズの わくわくおたのしみランド CD BOOK

2014 年7月　初版第1刷発行
2018 年2月　　　第2刷発行

著　者／ケロポンズ
発行人／村野芳雄
発行所／株式会社チャイルド本社
〒112-8512　東京都文京区小石川 5-24-21
TEL 03-3813-2141（営業）
TEL 03-3813-9445（編集）
振　替／ 00100-4-38410
印刷・製本／図書印刷株式会社
日本音楽著作権協会（出）許諾第 1406044-702 号

ISBN978-4-8054-0226-9
NDC376　26 × 21㎝　64P

staff

表紙・目次・扉絵／鈴木博子
絵人形イラスト／ケロポンズ、すぎやままさこ、鈴木博子、たちのけいこ、つしまひろし
本文イラスト／北村友紀、株式会社リナリマ
作り方イラスト／河合美穂、みつき
表紙・本文デザイン／株式会社リナリマ
撮影／林 均、正木達郎
型紙トレース／プレーンワークス
本文校正／有限会社くすのき舎
楽譜校正／白日歩
楽譜浄書／株式会社クラフトーン
編曲・レコーディング／後藤郁夫
CD 製作／株式会社ケーエヌコーポレーション
編集／石山哲郎、田島美穂

チャイルド本社ホームページアドレス
http://www.childbook.co.jp/
チャイルドブックや保育図書の情報が盛りだくさん。
どうぞご利用ください。